Ekaette Ekwere Chukwuogor

Impacto do direito internacional na soberania das nações

Ekaette Ekwere Chukwuogor

Impacto do direito internacional na soberania das nações

ScienciaScripts

Imprint

Cover image: www.ingimage.com

This book is a translation from the original published under ISBN 978-3-659-89265-3.

Publisher:
Sciencia Scripts
is a trademark of
Dodo Books Indian Ocean Ltd. and OmniScriptum S.R.L publishing group

120 High Road, East Finchley, London, N2 9ED, United Kingdom
Str. Armeneasca 28/1, office 1, Chisinau MD-2012, Republic of Moldova, Europe
Managing Directors: Ieva Konstantinova, Victoria Ursu
info@omniscriptum.com

Printed at: see last page
ISBN: 978-620-8-56233-5

Conteúdo

Agradecimentos

Esta tese não teria sido possível sem o conselho e a assistência de várias pessoas que, de uma forma ou de outra, contribuíram e prestaram uma ajuda valiosa na preparação e conclusão deste estudo.

Em primeiro lugar, a minha maior gratidão vai para o meu supervisor/professor, Dr. Sibo Banda da Universidade Nacional da Irlanda Maynooth. Ele passou muito tempo a supervisionar e a editar este trabalho. Os seus conhecimentos, encorajamento e empenho permitiram-me atualizar este trabalho.

Os meus agradecimentos especiais vão para o meu marido, Barrister Charles Sanders Chukwuogor, que foi a minha inspiração para ultrapassar todos os obstáculos que me impediram de concluir este trabalho de investigação.

Estou também grato ao meu falecido pai, E.U. Ekwere, que tinha fé em mim e acreditava que eu devia ser positivo na vida.

Este trabalho não teria sido concluído sem o apoio e o sacrifício dos meus filhos Adaeze Princess Uwana Chukwuogor, Charles Emmanuel Ubong Chukwuogor e Michael Chukwubuikem Edikan Chukwuogor, que toleraram a minha incapacidade de estar sempre com eles.

Antes de mais, gostaria de agradecer ao Deus Altíssimo por ter respondido às minhas orações e por me ter dado forças para continuar, apesar da minha constituição, que me leva a desistir e a deitar a toalha ao chão.

Declaração de tese

Nesta tese, foi apresentada a questão "Será que as instituições económicas internacionais e as leis económicas internacionais minam a soberania das nações? É um lugar-comum saber que a soberania é um princípio bem conhecido do Estado. Conota a independência e o direito à auto-determinação, o direito de um Estado legislar em nome dos seus cidadãos e o direito de preservar a integridade territorial de um Estado sem interferência de poderes externos. Com a emergência da globalização e a necessidade de cooperação entre as nações em matéria de comércio e investimento, a ideia de soberania do Estado está a tornar-se rapidamente uma miragem. A globalização deu origem a instituições económicas internacionais e a leis económicas internacionais que diferem das leis de cada Estado soberano. A questão que se coloca é a da eficácia e da aplicabilidade destas leis económicas internacionais em diferentes Estados.

Este cenário deu origem à pergunta de tese. A investigação começou com um estudo do conceito de soberania do Estado. Este estudo permitiu uma melhor compreensão da verdadeira natureza do Estado e lançou as bases para a análise do efeito das leis económicas internacionais sobre os Estados soberanos. Foi um exercício académico interessante, pois proporcionou a oportunidade de estudar uma variedade de obras ricas e eruditas de muitos prodígios jurídicos ilustres.

A investigação também estudou e analisou as principais organizações internacionais e as regras que regem o comércio e o investimento internacionais.

Esta investigação revelou alguns resultados muito interessantes. Os Estados, pelo facto de pertencerem a organizações internacionais como a OMC e a OIT, estão vinculados às disposições das regras dessas organizações. A aplicação destas regras viola involuntariamente a soberania destes Estados. Alguns Estados, mesmo que tenham aceite voluntariamente ficar vinculados [ao aderir a estas organizações], recusam-se a respeitar algumas das disposições das regras internacionais em matéria de comércio e investimento, com base em interesses nacionais superiores. O estudo revelou igualmente que os Estados preferem concluir tratados internacionais bilaterais. Alguns destes tratados entram em conflito com a legislação nacional. Foi igualmente revelado que alguns dos principais problemas com que se deparam estas leis económicas internacionais são os problemas de controlo e aplicação. Sabe-se que os Estados não cumprem as obrigações que lhes incumbem por força do direito internacional sem que sejam aplicadas sanções.

Descobri que, embora as leis económicas internacionais ameacem e violem a soberania das nações, os Estados também se esquivaram às suas obrigações quando sentiram o peso do interesse nacional a sobrepor-se-lhes. Os Estados Unidos, o Reino Unido e mesmo países em desenvolvimento como a Nigéria são todos culpados deste facto. Este cenário oferece uma oportunidade para uma investigação mais aprofundada sobre possíveis formas de remediar esta anomalia.

Resumo

A presente tese, intitulada "O impacto das instituições económicas internacionais e das leis económicas internacionais na soberania dos Estados", procura responder à seguinte questão: "As instituições económicas internacionais e as leis económicas internacionais prejudicam a soberania das nações? Este trabalho foi dividido em cinco capítulos. Para responder à questão colocada, o primeiro capítulo apresenta o conceito de soberania do Estado. As fontes da soberania foram também abordadas. Em seguida, o capítulo 2 define e discute brevemente os princípios gerais do direito económico internacional. A parte final desta secção foi reduzida aos domínios do direito económico internacional relativos ao investimento e ao comércio. Procedeu-se a uma análise superficial dos domínios em que estas leis sobre comércio e investimento entram em conflito com as leis de cada Estado soberano.

O terceiro capítulo permitiu uma análise aprofundada de algumas das fontes do direito económico internacional, nomeadamente a OMC e a OIT. Esta secção também examinou a natureza dos tratados destas organizações. Em que medida é que estes tratados são vinculativos para os Estados membros? Nos casos em que estes tratados entram em conflito com as leis nacionais, que sistema jurídico deve prevalecer? Infelizmente, ficou demonstrado que, em muitos casos, as leis económicas internacionais prevalecem sobre as leis nacionais. Esta secção também mostrou como os Estados têm resistido à violação da sua soberania por leis económicas internacionais. O capítulo quatro apresenta uma análise mais pormenorizada de outras fontes de direito económico internacional. Trata-se dos tratados bilaterais de investimento. Estes tratados são considerados a fonte mais popular do direito internacional do investimento e do comércio. Deram também origem a numerosas situações de conflito entre eles e as leis locais dos Estados contratantes. A cláusula de expropriação e o seu potencial para violar a soberania do Estado ( ) também foi analisada nesta secção. A presente tese termina no capítulo cinco.

Título sugerido

O impacto das instituições e leis económicas internacionais na soberania dos Estados

Questão de investigação

As instituições e leis económicas internacionais comprometem a soberania das nações?

Capítulo 1 Introdução

Este estudo põe em evidência o conflito entre o direito económico internacional, o direito internacional do investimento e a soberania dos Estados.

O primeiro capítulo da presente tese explica a Paz de Vestefália e o conceito de soberania. Explicará por que razão alguns juristas internacionais são de opinião que, quando um Estado é soberano, a soberania do Estado não deve ser violada. É o que dizem;

O artigo 27º da Convenção de Viena sobre o Direito dos Tratados prevê que, quando um tratado entra em conflito com o direito interno de um Estado (incluindo a Constituição do Estado), o Estado continua vinculado pelas obrigações decorrentes do tratado.[8]

No entanto, o artigo 46.º da Convenção de Viena prevê uma exceção a esta regra, nos casos em que a expressão por um Estado do seu consentimento em ficar vinculado por um tratado tenha sido considerada uma violação manifesta de uma norma de direito interno de importância fundamental.[9]

O capítulo salientará igualmente a necessidade de proteger o direito soberano de uma nação. A justificação para esta proteção baseia-se no facto de uma nação soberana permitir que o Estado proteja os seus cidadãos e os seus direitos e liberdades. Segundo Adams Smith, a soberania é o que dá a uma nação o poder de se proteger. Pode dizer-se que a soberania é uma forma de um Estado proteger os seus valores contra outras nações. Quando um Estado é soberano, a sua liberdade e identidade estão protegidas. Nenhuma

[8] Santiago M. Villalpando, "How The Rules Of State Responsibility May Be Applied Within The WTO Dispute Settlement System" (2002) 5 (2): 393 1 de junho de 2002

[9] Ibid

nação quer abrir mão ou renunciar ao seu direito soberano, e há sempre fricção quando um Estado soberano se sente ameaçado por uma política externa ou por outra nação.[10]

Consequentemente, a maioria das nações tem dificuldade em cumprir as normas internacionais e recusa-se também a ratificar alguns destes tratados internacionais.

O segundo capítulo desta tese abordará as leis económicas internacionais e os seus regulamentos, e a forma como o seu funcionamento tenta entrar em conflito com os direitos soberanos das nações. Será discutido o conflito entre as leis internacionais de investimento e comércio, por um lado, e as leis nacionais, por outro. Mas antes disso, será delineado o conceito de leis económicas internacionais.

O conceito de direito internacional é explicado por Jean M. Wenger no seu artigo :

"O direito económico internacional não deriva de uma única fonte, ou mesmo de várias fontes de direito; tem origem em muitas fontes. O direito nacional, regional e internacional (público e privado), a política e a prática consuetudinária são todos componentes do direito económico internacional. O direito económico internacional abrange uma vasta gama de temas, incluindo o comércio de bens e serviços, o direito financeiro, a integração económica, o direito do desenvolvimento, a regulamentação das empresas e a propriedade intelectual.[11] "

---

[10] Adam Smith, The Expenses of the Sovereign or Commonwealth The Harvard Classics. 1909-14.
< www.bartleby.com/10/501.html>
Acedido em 20 de julho de 2012

[11] Jean M. Wenger, "Direito económico internacional".
< http://www.asil.org/iel1.cfm>

O terceiro capítulo trata de várias organizações internacionais, nomeadamente a OMC e a OIT. Analisar-se-á a forma como as regras destas organizações entram em conflito com as leis nacionais dos seus Estados membros.

O capítulo 4 analisa as regras internacionais em matéria de investimento e de comércio, nomeadamente as regras bilaterais em matéria de comércio internacional.

Será explicado o conflito entre estes TBI e as legislações nacionais e locais.

Serão aplicados estudos de caso que ilustram claramente exemplos destes conflitos. A adoção pelo Governo nigeriano de uma lei interna que contradiz o TBI que celebrou com a comunidade internacional e o caso da Líbia que deu origem a uma decisão arbitral são exemplos concretos desta situação.

O capítulo cinco da presente tese concluirá toda a discussão e análise acima referidas.

No entanto, antes de concluir, gostaria de explicar porque é que o tema acima mencionado foi escolhido para este estudo.

Basicamente, o objetivo deste ensaio é explicar a ideia de direito económico internacional e a noção de direito internacional do investimento, por um lado, e o conceito de soberania, por outro.

Coloca-se então a questão de saber se a supremacia das leis económicas internacionais sobre as leis nacionais deve ser encorajada ou proibida. Não existe uma resposta clara a esta questão. De facto, a relação entre as instituições económicas internacionais e as leis económicas dos Estados soberanos está

---

consultado em 20 de julho de 2012

intimamente ligada. Por outras palavras, dependendo das circunstâncias de um determinado momento, a supremacia das leis económicas internacionais sobre as nações soberanas pode ser imperativa e, noutros momentos, as nações devem ser autorizadas a assumir a conduta e as actividades que dizem respeito aos seus nacionais e cidadãos.

Existem muitas organizações internacionais, como a UE, a OMC, a OIT e a OCDE. Neste ensaio, uma ou mais delas serão selecionadas e discutidas. Consequentemente, será explicada a adoção das regras comerciais destas organizações, para além das leis nacionais. Serão também destacados e explicados os domínios em que estas várias leis internacionais de investimento minam a soberania das nações no contexto da globalização em curso.

Soberania

Um Estado soberano é uma entidade com a sua própria localização geográfica, população, governo e capacidade de celebrar acordos com outros Estados soberanos. Um Estado soberano é obrigado a proteger os seus cidadãos e a defender os seus interesses. O direito interno de um Estado soberano é conhecido como direito municipal ou nacional.[12][13]

1.1 Explicação da soberania

[12] Gareth Evans e Mohamed Sahnoun, "The Responsibility to Protect, Report of the International Commission on Intervention and State Sovereignty".
dezembro de 2001
http://responsibilitytoprotect.org/ICISS%20Report.pdf
consultado em 25 de julho de 2012

[13] Steven Wheatley, "A Democratic Rule of International Law"- Eur J Int Law /2011, Volume 22/Issue 2, 1 May/Articles/ (2011) 22 (2) : 525

No seu artigo, Steven Wheatley analisou o conceito de soberania com base na Paz de Vestefália, nos seguintes termos

*A colonização de Vestefália, de acordo com a ortodoxia positivista, construiu o mundo político moderno, estabelecendo o Estado territorial soberano e dividindo a ideia de direito ao longo de uma linha binária estrita: o direito (interno) do Estado, de acordo com uma ordem jurídica constitucional autoconcedida, e o direito (externo) inter-nacional, que se baseia no consentimento soberano para o estabelecimento de normas de direito internacional (o princípio de "Lótus"). "*6

Andreas Osiander também discutiu e citou os pontos de vista de várias pessoas sobre a Paz de Vestefália em relação ao conceito de poder soberano:

"Hans Morgenthau defende que certas regras do direito internacional foram firmemente estabelecidas em 1648; mais concretamente, o Tratado de Vestefália (...) fez do Estado territorial a pedra angular do sistema estatal moderno. Segundo Ferderick Parkinson, o tratado definiu as condições em que se deveria basear a nova ordem diplomática internacional. Michael Sheehan considera que o acordo reconheceu formalmente o conceito de soberania do Estado. Hendrik Spruyt afirma que a Paz de Vestefália ... reconhece formalmente um sistema de Estados soberanos. Mark Zacher fala do Tratado de Vestefália de 1648, que reconheceu o Estado como o poder supremo ou soberano..."[14]

No entanto, Steven Wheatley sublinhou a redução dos valores do

[14] Andreas Osiander, "sovereignty, International Relations and the Westphalian Myth" http://www.labmundo.org/disciplinas/OSIENDER_sovereignty_international_relations_and_the_westphalian_myth.pdf
consultado em 25 de julho de 2012

conceito de soberania em relação ao que foi acordado na Paz de Vestefália. A regulação global resultou numa diminuição do direito soberano das nações, levando a uma mudança das relações interestatais para uma governação internacional de direito público que limita os exercícios nacionais, com a consequente perda para a democracia. De facto, as nações já não podem decidir sobre questões que normalmente deveriam resolver democraticamente, o que conduziu a um declínio da democracia. Pode, portanto, dizer-se que este défice democrático é o resultado da governação global através do direito internacional, o que aponta para o colapso do Acordo de Vestefália.[15]

Jens Bartelson debruçou-se longamente sobre a soberania no seu artigo, argumentando que a discussão da soberania e a procura da fonte da soberania são questões consideráveis. No seu ensaio, explica como alguns autores e académicos esperam que o significado de soberania mude e evolua de tempos a tempos.

No entanto, alguns estudantes de direito internacional e de relações internacionais recusam-se a subscrever esta ideia. Por um lado, alguns académicos consideram que tal mudança indica uma transformação correspondente da instituição global, enquanto, por outro lado, alguns vêem-na como prova da durabilidade excecional da ordem de Vestefália, que deveria ser estática e imutável.

Em qualquer caso, é evidente que este desacordo sobre se o conceito de soberania deve ou não ser alterado é um problema normativo profundamente enraizado e difícil de resolver. Isto indica claramente que lidar com a questão da soberania e com a questão de saber se o significado de soberania deve mudar de tempos a

[15] Steven Wheatley, "A Democratic Rule of International Law - Eur J Int Law /2011, Volume 22/Issue 2, 1 May/Articles/(2011) 22 (2) : 525

tempos ou não deve ser alterado de todo é claramente um problema sério que precisa de ser resolvido política e juridicamente.

Muitos juristas internacionais têm muito a dizer sobre se a independência de um Estado soberano não deve ser protegida e até que ponto os Estados soberanos nacionais devem cumprir as obrigações internacionais.

Para apresentar uma resposta crítica a este argumento, seria útil avaliar alguns dos argumentos que evidenciam o seu potencial raciocínio. No seu artigo, Samantha Bessom explica que o direito internacional enfrenta um grande problema de legitimidade ao não respeitar os direitos soberanos dos Estados e ao invadir áreas em que os Estados devem ser livres de tomar as suas próprias decisões.[16]

Sublinhou que :

"A soberania do Estado é frequentemente entendida no direito internacional como competência, imunidade ou poder e, em particular, como o poder de fazer escolhas autónomas.... Tal como a autoridade legítima do direito interno se opõe frequentemente à autonomia individual, a autoridade legítima do direito internacional é vista como estando em contradição com os direitos soberanos dos Estados"(10).

Jens Bartelson explicou que, no passado, o conceito de soberania não era um assunto controverso, mas que, recentemente, a soberania se tornou um tema de debate sério no âmbito do direito internacional e da teoria das relações internacionais. Recentemente, os académicos intensificaram os seus esforços para dar um novo

[16] Samantha Besson, "Soberania, direito internacional e democracia". Revista Europeia de Direito Internacional/2011, Volume 22/Item 2, maio/Artigos - (2011) 22 (2) : 373

significado ao conceito. Acreditam que a soberania pode ser definida através de convenções linguísticas e de práticas retóricas. A base indiscutível da soberania tornou-se agora um objeto de estudo. Esta reorientação linguística conduziu a uma ênfase no conceito de soberania e não no costume que faz de uma nação um Estado soberano. Infelizmente, o verdadeiro significado de soberania foi retirado das convenções linguísticas, transformando a soberania num termo abreviado. O Acordo de Vestefália criou um novo mundo político que inaugurou o que deve ser um Estado territorial soberano ( ) e a forma como o direito interno do Estado baseado na constituição da nação pode estar de acordo com o direito internacional externo que se baseia no consentimento soberano para estabelecer normas de direito internacional.

Em todo o caso, Eric C. Ip explica que o efeito do direito internacional sobre o direito soberano de uma nação :

"Ocorreram dois grandes desenvolvimentos em detrimento do direito do Estado soberano. Em primeiro lugar, proliferaram regimes especializados de direito internacional público em áreas anteriormente monopolizadas pelo Estado, como os direitos humanos, o direito ambiental e o direito comercial. Em segundo lugar, as regras estabelecidas por organizações intergovernamentais e empresas transnacionais tornaram-se cada vez mais importantes. Inevitavelmente, estes desenvolvimentos são acompanhados por um desafio aos conceitos constitucionais vestefalianos de soberania do Estado. "[17]

Embora alguns académicos tenham argumentado que os principais

[17] Eric C. Ip, 'Globalization and the future of the law of the sovereign state' International Journal of Constitutional Law/2010, Volume 8/julho/Artigos/Globalização e o futuro do direito do Estado soberano - International Journal of Constitutional Law 1 julho (2010) 8 (3) : 636

desafios à soberania do Estado são externos e que é por isso que os governos dos Estados decidiram partilhar a soberania com organizações internacionais, isto leva a desafios internos ao direito soberano do Estado. Esta linha de discurso levou a argumentos de que as diferentes fases da soberania nacional de diferentes nações foram ampliadas por factores internos e externos, o que significa que a soberania é constantemente ajustável.[18]

Samantha argumentou que os Estados vinculados pelas regras do direito internacional e os deveres impostos à esfera das nações de incorporar o direito internacional no direito nacional conduzem sempre a acções que, direta ou indiretamente, sobrecarregam as nações e os seus cidadãos. Por exemplo, em áreas como os recursos naturais, a obrigação de promulgar leis nacionais e implementar normas internacionais na esfera nacional, a fim de integrar o direito internacional no direito nacional.[19]

No que diz respeito aos pontos acima referidos por Samantha, é evidente que os deveres impostos pelas organizações internacionais às nações são uma área em que estas impuseram um fardo desnecessário às nações, levando-as por vezes a queixarem-se e a resmungarem.

No entanto, defendo que, por um lado, o direito soberano de uma nação deve ser indivisível e constante, respeitando assim o acordo de Vestefália de 1648. Mas, por outro lado, de acordo com o ditado "nenhum homem é uma ilha", os benefícios de uma sociedade estatal e a mobilização das forças de cada Estado para um objetivo

[18] Jens Bartelson, "The concept of Sovereignty Revisited" European Journal of International Law/2006, Volume 17/Issue 2, abril/Artigos/ (2006) 17 (2) : 463

[19] Samantha Besson, "Soberania, direito internacional e democracia". Revista Europeia de Direito Internacional/2011, Volume 22/Indice 2, maio/Artigos/Soberania, Direito Internacional e Democracia - Eur J Int Law (2011) 22 (2) : 373

comum não podem ser subestimados.

Segundo W.R. Bohning, se os Estados pretendem atingir objectivos que não podem alcançar sozinhos, devem criar e desenvolver organizações internacionais e aderir a elas para atingir esses objectivos.[20]

Até agora, o conceito de soberania e a Paz de Vestefália foram objeto de muitas explicações, mas nesta fase é necessário esclarecer a origem deste conceito de "soberania".

1.2 As fontes da soberania

Após uma breve nota sobre o que é necessário para que uma nação seja soberana e o impacto dos poderes externos nos direitos soberanos das nações, o próximo ponto do debate explicará a fonte da soberania.

1.3 Os assuntos internacionais como fonte de soberania

As decisões em matéria de assuntos internacionais são uma das fontes da soberania. Em Banco Nacional De Cuba V. Sabbatino, 376 U.S. 398 (1964), foi feita referência à declaração do Juiz Presidente Fuller em Underhill v. Hernandez, nos seguintes termos: "Todos os Estados soberanos são obrigados a respeitar a independência de todos os outros Estados soberanos, e os tribunais de um país não

[20] W.R. Bohning, "O papel e as funções das organizações internacionais".
no domínio dos trabalhadores migrantes".
Diretor da Equipa Consultiva Multidisciplinar para o Sudeste Asiático e o Pacífico
11-12 de janeiro de 1999
Manila, Filipinas
< http://www.ilo.org/public/english/region/asro/mdtmanila/ speeches/miworker.htm> Acedido em 9 de julho de 2012

julgarão os actos do governo de outro país praticados no seu próprio território. A reparação das queixas resultantes de tais actos deve ser obtida pelos meios de que dispõem as potências soberanas entre si".[21]

1.4 Disputas entre nações sobre a propriedade da terra como fonte de soberania.

No seu livro, Anthony Aust explica que, quando se considera a soberania do ponto de vista do direito internacional, o governo deve ter um controlo efetivo sobre um determinado território para poder ser considerado um Estado soberano. Neste caso, o território abrange todos os mares, o espaço aéreo, a terra e as águas interiores. Um Estado soberano tem direitos soberanos e jurisdição sobre a sua zona económica exclusiva (ZEE), mesmo que não tenha direitos soberanos sobre a sua plataforma continental.

Em todo o caso, Anthony Aust salientou que uma das fontes de soberania são os litígios entre nações sobre a propriedade da terra.

Por vezes, estes litígios dizem respeito a fronteiras marítimas e a ilhas. Um exemplo deste tipo de litígio é o caso da Dinamarca e do Canadá sobre uma ilha desabitada de 3 km² situada no extremo norte da Gronelândia Ocidental e denominada Ilha Hans. Tanto a Dinamarca como o Canadá reclamam a posse deste pedaço de terra. Esta questão levou a uma intensificação das visitas navais à ilha por parte de ambos os países. A ilha está coberta de gelo e, dado o presumível efeito do aquecimento global, pensa-se que esta porção de terra e os seus arredores poderiam ser mais acessíveis

[21] BANCO NACIONAL DE CUBA v. SABBATINO, 376 U.S. 398 (1964) 376 U.S. 398 http://laws.findlaw.com/us/376/398.html Acedido em 13 de junho de 2012.

para a exploração de recursos minerais. Existem vários litígios semelhantes, nomeadamente entre os Estados Unidos e o Canadá e entre os Estados Unidos e a Rússia. Uma das razões para este tipo de litígios é o facto de, por vezes, as fronteiras entre um Estado-mãe e um novo Estado nem sempre estarem claramente definidas, dando origem a disputas que dão origem a processos perante tribunais internacionais. A história do problema de Caxemira deve-se à mesma razão. No caso de Caxemira, a questão era saber se a Caxemira devia fazer parte do Paquistão ou da Índia. Esta disputa é uma das mais polémicas e territoriais.[22]

1.5 Os tratados como fonte de soberania

Uma das fontes de soberania é o tratado. No seu livro, Aust esclarece melhor a fonte da soberania, como mostra a citação abaixo:

Um tratado que estabelece ou confirma uma fronteira cria um regime que todos os outros Estados devem reconhecer. Uma parte de um tratado não pode invocar uma alteração fundamental das circunstâncias para o rescindir, exceto, talvez, quando estão reunidas as condições para uma aplicação legítima dos princípios da autodeterminação.[23]

Anthony Aust prosseguiu dizendo que a soberania ou integridade territorial de um Estado deve ser respeitada e que os Estados-Membros devem abster-se de usar a força ou ameaças contra a integridade territorial de outro Estado. Anthony Aust sublinhou que, no que respeita à integridade territorial, um Estado deve ter um

[22] Anthony Aust, Handbook of International Law (2(nd) end, Cambridge University press 2010) 33

[23] Ibid

território bem definido para poder ser designado por Estado. Com efeito, o conceito de território indica o objetivo internacional fundamental da estabilidade das fronteiras. Esta explicação remete para os artigos da Carta das Nações Unidas.[24]

Existem muitos artigos, livros, revistas e cartas que explicam a soberania em pormenor. Uma delas é a Carta das Nações Unidas, descrita a seguir:

A Carta das Nações Unidas aborda em profundidade a questão da soberania. O nº 2 do artigo 1º trata do desenvolvimento de relações amistosas entre as nações e do respeito pelo princípio da igualdade de direitos e da autodeterminação. O n.º 1 do artigo 2.º mostra como a organização e os seus membros encaram o princípio da igualdade soberana. O n.º 4 do artigo 2.º sublinha o respeito pela soberania e trata especificamente desta questão: "Todos os membros devem abster-se, nas suas relações internacionais, de ameaçar ou utilizar a força contra a integridade territorial ou a independência política de qualquer Estado, ou de qualquer outra forma incompatível com os objectivos das Nações Unidas".[25]

1.6 Conclusão do debate sobre a soberania

Nesta fase do ensaio, uma discussão aprofundada sobre a soberania foi desenvolvida por vários autores, juristas internacionais e outros. As fontes da soberania são as seguintes: Os assuntos internacionais, as disputas entre nações sobre a propriedade da terra e os tratados foram todos explicados e discutidos como fontes

---

[24] Anthony Aust, Handbook of International Law (2.ª edição, Cambridge University press 2010) 37-40

[25] Carta das Nações Unidas, CAPÍTULO I: OBJECTIVOS E PRINCÍPIOS
Artigos 1.º e 2.
<www .un.org/en/documents/charter/chapter1. shtml>
consultado em 20 de junho de 2012

do direito internacional. A próxima linha de conversa será uma discussão sobre as instituições internacionais e as suas leis. Daí a pergunta deste ensaio: "Os institutos económicos internacionais e as leis económicas internacionais comprometem a soberania das nações?" Tendo começado a responder a esta pergunta através de uma descrição pormenorizada da soberania, é essencial ligar esta discussão sobre a soberania a uma discussão sobre os institutos internacionais, os seus regulamentos e as leis internacionais de investimento e, em seguida, sobre a forma como estes entram em conflito com as leis internas das nações soberanas.

Capítulo 2. Direito económico internacional

Antes de discutir o direito económico internacional, é prudente dar uma definição. S.P. Subedi define o direito económico internacional da seguinte forma

" O direito económico internacional rege a ordem económica internacional ou as relações económicas entre as nações. No entanto, a expressão "direito económico internacional" abrange um grande número de domínios. É frequentemente definido de forma ampla, incluindo uma vasta gama de matérias, desde o direito comercial internacional público ao direito comercial internacional privado, passando por aspectos do direito comercial internacional e do direito financeiro e de investimento internacional. "[26]

Após a definição das leis económicas internacionais, a próxima fase desta tese irá apresentar as leis internacionais de investimento e as leis comerciais internacionais, e a forma como estas entram em conflito com as leis internas das nações.

No seu livro, Nuefeld argumenta que, com o efeito crescente da globalização e a necessidade de regular e controlar as relações entre as nações, ou entre as empresas multinacionais e as nações estrangeiras em que operam, a comunidade internacional é confrontada com a tarefa de regular o mundo. Isto significa que as nações são confrontadas com a realidade óbvia de aceitarem e implementarem leis que não foram feitas pelos seus próprios legisladores, renunciando assim a um certo grau da sua soberania. As Nações Unidas, a OMC, a OIT, a União Europeia, a Cedeao, a UA e vários outros organismos regionais desenvolveram, através

---

[26] S.P. Subedi , "Evolução e princípios do direito económico internacional". Versão revista - dezembro de 2006 http://www.londoninternational.ac.uk/sites/default/files/international_economic_law.pdf consultado em 26 de julho de 2012

das suas diferentes agências, leis que são vinculativas para os Estados membros ( ).

O investimento já é regido por várias regras internacionais, enquanto outras continuam a ser negociadas. O resultado é uma manta de retalhos de regras bilaterais e multilaterais que se aplicam de forma fragmentada em todo o mundo. Em vez de criar um quadro internacional abrangente para o investimento, as regras bilaterais e regionais resultam em acordos de investimento preferenciais entre Estados. As regras de investimento constam de vários tratados bilaterais e multilaterais.[27]

A adoção destas regras e tratados internacionais de investimento pelas nações é

Com base no artigo 27º da Convenção de Viena((22)·)

Este artigo explica que um Estado é obrigado a respeitar as obrigações de um tratado internacional, apesar das disposições do seu direito interno, mesmo que o tratado entre em conflito com uma lei nacional, exceto se a lei nacional em conflito com o tratado for de importância fundamental.

Isto significa que um Estado é obrigado a não tomar qualquer medida que contrarie o objeto e a finalidade de um tratado. Um tratado ratificado é vinculativo e deve ser aplicado de boa fé pelos Estados-Membros.

Com base neste raciocínio, os Estados têm relutância em autorizar as organizações internacionais a realizar qualquer atividade considerada como uma interferência nos assuntos internos da sua nação.

---

[27] Rodney Neufeld, The Oxford Handbook of International Trade Law (Manual Oxford de Direito Comercial Internacional)
(Oxford University Press, 2009) 620-625

Isto aplica-se a muitas áreas, incluindo as actividades económicas. A maioria dos Estados não aceita a ideia de que outras nações ou organizações internacionais lhes digam o que devem ou não devem fazer.

No entanto, as organizações internacionais continuam a ter um papel fundamental a desempenhar a nível internacional nos domínios relacionados com o comércio.

A maioria das nações tem relações com outras nações. A condução de uma relação internacional é principalmente da responsabilidade do governo da nação, embora o poder legislativo também exerça algum controlo. Por exemplo, na República da Irlanda, para que haja um imposto sobre fundos públicos, é imperativa a aprovação do Dail para os tratados que resultarão no imposto.[28]

O artigo 29.1-3 pode ser invocado para restringir, por decisão judicial, a forma como o executivo se comporta na cena internacional.

O n.º 4.1 do artigo 29.º da Constituição estabelece que o poder executivo do Estado em matéria de relações externas é exercido pelo Governo ou sob a sua autoridade, nos termos do artigo 28.[29]

2.1 Conflito entre o direito comercial internacional e as legislações nacionais

O artigo de Grieshaber-Otto, J., Sinclair, S. e Schacter, sobre o impacto dos "tratados internacionais de comércio, serviços e investimento na regulamentação do álcool", destacou uma das formas pelas quais os tratados internacionais de comércio, que

[28] Michael Ford, Constitutional law (2ª edição, First Law Limited 2004) 57

[29] Ibid

promovem a livre circulação de bens, serviços e investimento, criaram uma incoerência fundamental entre as leis das nações que tentam lidar com o efeito destrutivo associado ao consumo de álcool pelos seus cidadãos. Isto criou uma incoerência fundamental entre as leis das nações que tentam lidar com os efeitos destrutivos associados ao consumo de álcool pelos seus cidadãos. Os governos dos países estão a tentar limitar e controlar a venda e o consumo de álcool no local. Mas os tratados destas organizações internacionais frustram os esforços destas nações, obrigando os seus governos nacionais a reduzir as suas actividades de controlo do álcool e a alterar os seus regimes fiscais.

Outra porta que se abriu recentemente para contestar as medidas adoptadas pelas nações que regulam a disponibilidade e o consumo de álcool pelos seus cidadãos é a dos acordos comerciais e dos acordos da Organização Mundial do Comércio: Acordos comerciais e acordos da Organização Mundial do Comércio". É de notar que alguns destes acordos não se limitam ao comércio, mas estendem-se a questões fronteiriças e a diferenças de tributação. O resultado é um encontro que invade e afecta o acesso ao mercado, a regulamentação interna, as zonas de não discriminação, a propriedade intelectual, o investimento e os serviços.

Os acordos da OMC afectam e interferem nas legislações nacionais. O procedimento relativo à saúde é o domínio do álcool, tal como acima descrito, e é um dos mais afectados.

A maior parte das medidas tomadas pelos Estados para reduzir eficazmente os danos causados pelo consumo de álcool são as seguintes: controlo total do álcool pelo Estado, proibição de um número excessivo de pontos de venda, tributação e regulamentação do álcool em função do seu teor, redução da publicidade ao álcool, desenvolvimento da educação sobre o álcool e atualização dos tratamentos dos problemas de saúde relacionados com o álcool.

Pelo contrário, os acordos da OMC vão diretamente contra as medidas tomadas pelas nações para reduzir o consumo de álcool, devido aos efeitos na saúde dos seus cidadãos. O acordo da OMC aumentará a disponibilidade e o acesso ao álcool, poderá resultar numa baixa tributação do álcool e poderá haver mais publicidade e promoção do álcool, levando a um aumento do consumo de álcool e dos problemas de saúde associados.

O acordo da OMC constitui o maior desafio às políticas concebidas pelas nações para influenciar os padrões de consumo de álcool e os seus efeitos negativos na saúde dos seus cidadãos.[30]

Tendo em conta o que precede, pode dizer-se que, enquanto não for estabelecida e implementada uma regulamentação internacional equilibrada, o choque entre o acordo da OMC e uma política municipal elaborada pelas nações constitui uma fricção evidente entre o direito internacional e o direito nacional. Sabemos que quando os países membros celebram um acordo ou um tratado no âmbito de uma organização internacional, ficam vinculados a esses acordos e tratados. Assim, o facto de um país ser membro da OMC obriga-o a cumprir os tratados, acordos ou regras dessa organização. Por outras palavras, espera-se que os países membros da OMC honrem e respeitem as disposições dos acordos da OMC relativos à livre circulação e ao comércio livre, mesmo que essas

---

[30] Grieshaber-Otto, J., Sinclair, S. e Schacter, N. (2000), Impacts of international trade, services and investment treaties on alcohol regulation. Addiction, 95 : 491-504. doi : 10.1046/j.1360-0443.95.12s4.4.x
Artigo publicado pela primeira vez em linha em 3 de maio de 2002
< http://onlinelibrary.wiley.Com/doi/10.1046/j.1360-0443.95.12s4.4.x/pdf> consultado em 5 de julho
2012

disposições entrem em conflito com as leis e políticas nacionais da maioria dos países membros.

Estas acções da OMC indicam claramente uma limitação ou erosão dos direitos soberanos destes países membros.

Capítulo 3.

Organizações internacionais

Os coordenadores dos regulamentos do pós-guerra consideraram que era altura de abrir o comércio e estabelecer a paz. No domínio do comércio, a não discriminação estava na ordem do dia e as restrições quantitativas já não eram permitidas. A tónica foi colocada na necessidade de criar organizações multilaterais que apoiassem a arbitragem e o controlo das regras.[31]

3.1 Um debate sobre a OMC

Ao examinar estas organizações internacionais e as suas regras, examinar-se-á em primeiro lugar a OMC.

Donald McRae explica no seu livro que a OMC pode ser considerada como um tratado, um conjunto de tratados e uma organização internacional. Enquanto tratado, a OMC tem leis e obrigações juridicamente vinculativas que funcionam entre as partes. Trata da questão do cumprimento e do incumprimento das regras da organização. A OMC é também uma fonte de direito internacional; relaciona-se com outras organizações internacionais e outros regimes comerciais, como as uniões aduaneiras e as zonas de comércio livre, as ONG num aspeto mais vasto do direito

---

[31] W.R. Bohning, "O papel e as funções das organizações internacionais".
no domínio dos trabalhadores migrantes".
Diretor da Equipa Consultiva Multidisciplinar para o Sudeste Asiático e o Pacífico
11-12 de janeiro de 1999
Manila, Filipinas
< http://www.ilo.org/public/english/region/asro/mdtmanila/ speeches/miworker.htm>
Acedido em 9 de julho de 2012

internacional. A OMC foi criada a partir do GATT de 1947. A OMC tem personalidade jurídica e é considerada como tal pelos seus membros. O artigo VIII: 1-2 clarifica a forma como a OMC deve ser tratada pelos seus membros e como deve ser autorizada a aplicar as suas regras em relação às legislações nacionais dos países membros. Donald Mc Rae sublinhou uma das funções da OMC enquanto organização internacional: a OMC dispõe de um mecanismo de controlo das políticas comerciais dos Estados membros. Uma das consequências internacionais das funções e poderes alargados da OMC é o facto de poder celebrar outros tratados com Estados e outras organizações internacionais.

Os resultados das negociações comerciais que emanam dos grupos de negociação sob os auspícios da OMC devem ser sempre aceites pelos Estados-Membros.[32]

A negociação comercial é também uma das funções essenciais da OMC, podendo dizer-se que a OMC é uma máquina de negociação. No que diz respeito às regulamentações comerciais multilaterais dos seus membros, o acordo da OMC permite que a organização constitua um fórum de negociação sempre que haja questões que digam respeito às relações comerciais multilaterais dos Estados membros. O sistema de regras comerciais multilaterais, também conhecido como "sistema de comércio mundial", está localizado principalmente no .[33]

Na Conferência Ministerial da OMC, realizada em Singapura em dezembro de 1996, foram debatidas as questões do investimento, do trabalho, do ambiente e da política de concorrência. Muitos

---

[32] Donald Mc RAE, The Oxford Handbook of International Trade Law (Oxford University Press, 2009) 66

[33] Daniel Bethlehem, The Oxford Handbook of International Trade Law (Oxford University Press, 2009) 24-25

países, nomeadamente os países em desenvolvimento, tiveram dificuldades com estas questões. Não só em Singapura, mas também na Conferência Ministerial realizada em Cancún, no México, em setembro de 2004, vários membros da OMC ( ), que eram países em desenvolvimento, desafiaram e queixaram-se dos países membros mais ricos da OMC, desafiaram as questões que foram discutidas em Singapura, como o investimento e a política de concorrência. Apelaram à tomada de medidas relativamente aos danos que as políticas agrícolas formuladas pelos países ricos infligiram a muitos países em desenvolvimento e aos seus direitos soberanos.[34]

De facto, alguns dos problemas que os países em desenvolvimento enfrentam e de que se queixam dizem respeito a áreas da administração de uma nação em que o direito internacional interferiu muitas vezes e de muitas formas; áreas sobre as quais é suposto os Estados terem pleno controlo e em que é suposto tomarem decisões jurídicas corretas para o Estado e os seus cidadãos. A forma como estas questões são tratadas é vista pelos países em desenvolvimento como uma negação dos direitos soberanos do seu Estado.

De qualquer modo, segundo Rodney Nuefeld, a OMC parece ser a única instituição multilateral que tentou regulamentar o comércio e o investimento, mas adoptou uma abordagem fragmentada e as regras não são uniformes. Segundo Rodney Nuefeld, em 1955, o Conselho do Acordo Geral sobre Pautas Aduaneiras e Comércio (GATT) adoptou uma resolução que convidava as partes contratantes a encetar negociações com vista à conclusão de

[34] Donald Mc RAE, The Oxford Handbook of International Trade Law (Oxford University Press, 2009) 40

acordos bilaterais e multilaterais em matéria de investimento. O GATT de 1947, que era um desdobramento da Carta de Havana, não tinha por objetivo regulamentar o investimento, mas sim o comércio e os serviços. No entanto, o projeto de Carta de Havana convidava os países membros a

"Proporcionar oportunidades de investimento razoáveis e aceitáveis e ter devidamente em conta a conveniência de evitar a discriminação contra o investimento estrangeiro.

O projeto de carta fala em dar à Organização Internacional do Comércio a possibilidade de...

Promover a adoção de um acordo geral ou de uma declaração de princípios relativos aos contratos, às práticas e ao tratamento dos investimentos estrangeiros.[35]

Infelizmente, o projeto de carta teve uma morte dolorosa.[36]

No entanto, o fim deste projeto pode ser visto como uma bênção disfarçada pelos países que consideravam que os seus nacionais deviam receber um tratamento mais favorável do que os investidores estrangeiros.

3.2 Impacto negativo dos tratados da OMC nos direitos soberanos das nações

O parágrafo seguinte abordará a forma como os tratados da OMC têm afetado os direitos soberanos dos países membros; explicará como os países não se sentem à vontade para conciliar estes tratados com as suas leis nacionais. Também abordará a fricção que

[35] Rodney Neufeld, The Oxford Handbook of International Trade Law (Oxford University Press, 2009) 624
[36] Ibid

surgiu entre a OMC e os países membros devido à incapacidade de conciliar estes tratados com as suas leis nacionais.

A OMC tem um grande número de tratados que vinculam os seus países membros, e estes tratados tratam de diferentes áreas. Muitos autores e juristas internacionais escreveram extensivamente sobre os vários domínios em que estes tratados contradizem o direito soberano das nações. O impacto destes tratados no direito administrativo nacional foi descrito por Rudolf Dolzer, Professor e Diretor do Instituto de Direito Internacional da Universidade de Bona, Alemanha, no seu artigo "Investment Treaties, Administrative Sovereignty, economic progress and good governance". O professor Dolzer afirmou que é um facto bem conhecido que todos os tratados internacionais de investimento têm um impacto no desenvolvimento económico e social da região.

Os tratados de investimento corroem a soberania das nações. Mais precisamente, pode dizer-se que os tratados de investimento reduzem o direito à soberania de uma nação ao não permitirem que os investidores estrangeiros estejam sujeitos ao sistema jurídico administrativo do Estado. Os regulamentos administrativos nacionais que os investidores estrangeiros teriam sido obrigados a cumprir foram definidos e restringidos por cláusulas incluídas no tratado de investimento. Este facto responde à apreensão dos investidores estrangeiros que não sabem o que esperar dos países de acolhimento e não estão conscientes da estabilidade do quadro jurídico que rege o seu investimento. No entanto, estas cláusulas têm por objetivo estabelecer um equilíbrio entre as expectativas do investidor estrangeiro e a estabilidade do direito administrativo do país de acolhimento. É evidente que estes tratados favorecem mais os interesses dos investidores do que os do direito administrativo do

Estado de acolhimento; no entanto, esta situação é comparável à de um investidor estrangeiro que investe num país estrangeiro sem a existência de um tratado. No entanto, por um lado, na economia global, o quadro dos tratados de investimento pode ser visto como um elemento essencial que promove o movimento de investimento entre nações e, por outro lado, é visto como um instrumento jurídico que impede a diversidade jurídica internacional centrada na soberania das nações que acolhem esses investidores estrangeiros.[37]

Analisando este artigo e os factos acima descritos por Rudolf, pode dizer-se que o efeito destes tratados sobre as nações é, de facto, a erosão progressiva do direito soberano de um Estado, causando fricção entre as leis dessas nações e as leis internacionais que se lhes opõem.

3.3 OIT

A OIT é a próxima organização internacional a ser analisada.

A OIT é também uma das organizações internacionais que se ocupa dos aspectos laborais do direito comercial. Criada pelo Tratado de Versalhes em 1919, ao mesmo tempo que a Sociedade das Nações, a OIT sobreviveu à Segunda Guerra Mundial, com os seus princípios, métodos e objectivos não só intactos, mas também reiterados e reforçados. Através da guerra e da paz, da depressão e do boom, da descolonização e da globalização, a OIT reuniu o mundo do trabalho para encontrar soluções para alguns dos

---

[37] Rudolf Dolzer, "The Impact Of International Investment Treaties on Domestic Administrative Law' 37 N.Y.U. J. Int'l. L. & Pol. 953 (2004-2005) http://heinonline.org/HOL/LandingPage?collection=journals&handle=hein.journals/nyuilp37&div=32&id=&page consultado em 1 de julho de 2012

problemas mais prementes do nosso tempo e para propor ideias, opções e instrumentos políticos na prossecução da justiça social.

A Declaração da OIT relativa aos princípios e direitos fundamentais no trabalho foi adoptada em 1998. É a expressão do empenho dos governos e das organizações de empregadores e de trabalhadores na defesa dos valores humanos fundamentais, valores esses que são essenciais à nossa vida social e económica. O papel desempenhado pela OIT não diz respeito apenas à política social e de emprego nos Estados, mas reflecte-se também a nível internacional, sendo a razão disso a conciliação entre o comércio mundial e os direitos dos trabalhadores, com base no aumento do comércio e do investimento internacionais.[38]

No seu livro, Christine Kaufman explica que o papel das organizações económicas internacionais é essencial em todas as nações e na vida de todos os cidadãos.

Por conseguinte, é essencial discutir os diferentes instrumentos de proteção dos direitos do trabalho a nível internacional e nacional, por um lado, e as fricções entre o direito internacional do trabalho e o direito nacional, por outro.

Poder-se-ia dizer que, do ponto de vista económico, o mercado de trabalho é um mercado como qualquer outro, e nesse caso é evidente que as actividades do mercado de trabalho são verdadeiramente relevantes para a vida de muitas pessoas.

De facto, o estatuto social de uma pessoa e o seu trabalho estão ligados. Isto significa que a ausência de emprego pode conduzir a uma certa forma de segregação na sociedade. A este respeito, alguns investigadores consideram que é imperativo regular o

[38] Bob Hepple, Labour Laws and Global Trade (Oxford e Portland, Oregon 2005) 1-4

mercado de trabalho. É por isso que o livro de Christine Kaufman defende que os direitos laborais e os direitos humanos estão intimamente ligados num grande número de acordos e declarações internacionais.[39]

A Organização Internacional do Trabalho tem por objetivo regulamentar o direito do trabalho nos países de todo o mundo. Estes regulamentos são normalmente dirigidos a Estados, empresas ou indivíduos. Estes regulamentos são conhecidos como regulamentos laborais transnacionais.

No seu livro, Bob Hepple define a regulamentação laboral transnacional da seguinte forma:

"Regras e procedimentos rigorosos e rápidos que se aplicam para além das fronteiras nacionais e que estão sob mais do que uma jurisdição. Podem ser unilaterais, aplicadas por um país a outro sem acordo, ou bilaterais, no âmbito de um tratado entre dois países, ou regionais, no âmbito de um tratado entre vários Estados de uma determinada região do mundo, ou multilaterais, como a OMC.[40] A questão que se coloca é, portanto, a de saber se estas regulamentações laborais fazem parte do direito internacional em matéria de investimento e de comércio. Em caso afirmativo, será que entram em conflito com as leis nacionais de um país e prejudicam os seus direitos soberanos?

Uma vez que as regulamentações internacionais em matéria de trabalho se dirigem às empresas transnacionais, às empresas nacionais e a todas as entidades económicas envolvidas no comércio e no investimento, entre outros sectores de atividade, no seio de um Estado, seria correto determinar que estas

---

[39] Kristine Kaufman, Globalisation and Labour Rights (Oxford e Portland, Oregon 2005) 87

[40] Bob Hepple, Labour Laws and Global Trade (Oxford e Portland, Oregon 2005) 4

regulamentações em matéria de trabalho fazem parte das leis do investimento e do comércio internacionais. Dito isto, a questão seguinte é saber como é que estas regulamentações entram em conflito com os direitos soberanos dos Estados a que se destinam. Para responder a esta questão, é importante examinar as fontes destes regulamentos e, em seguida, analisar as suas disposições.

Existem muitas fontes de regulamentação internacional do trabalho, incluindo tratados e convenções multilaterais, como as convenções e declarações da OIT, e fontes regionais, como as normas da União Europeia para as empresas europeias que operam em países desenvolvidos.

Outra fonte é o aparecimento, a adoção e a utilização de códigos de empresas privadas.

As principais regulamentações internacionais do trabalho, conhecidas como normas internacionais do trabalho, estão contidas nas convenções e recomendações da OIT.

Segundo Bob Hepple, as convenções são "juridicamente vinculativas para os Estados membros da OIT que as ratificam e estão sujeitas ao controlo Internacional" (36). Resulta do que precede que, a partir do momento em que um Estado membro da OIT ratifica uma convenção, fica vinculado às disposições dessa convenção, independentemente da sua legislação nacional sobre a matéria da convenção. Além disso, o Estado que ratifica a Convenção submete-se igualmente ao mecanismo de controlo e de aplicação da comunidade internacional. Este facto nega a ideia de soberania do Estado. Nalguns casos, algumas das regras contidas nestes regulamentos internacionais são compatíveis com certas regras nacionais, enquanto noutros casos se espera que os Estados adoptem regras que entram em conflito com as suas leis nacionais. Em ambos os casos, os direitos soberanos dos Estados são afectados. O simples facto de um Estado se submeter à jurisdição de uma organização internacional constitui uma cedência de soberania desse Estado à organização internacional.

De acordo com Bob Hepple:

"As regulamentações laborais transnacionais têm sido vistas como prejudiciais às vantagens comparativas dos países. Tem-se argumentado que a legislação laboral nacional é tão determinante para a vantagem comparativa como a dotação natural, os recursos e as preferências. "[37]

Os países em desenvolvimento queixaram-se de várias formas e também se opuseram às regulamentações laborais transnacionais, alegando que estas constituem uma forma de abuso de poder:

"O imperialismo social, através do qual os países em desenvolvimento procuram excluir a concorrência, impondo normas que eles próprios ignoraram durante o seu período de industrialização.[41][42]

3.4 Conflito entre as legislações nacionais e as regulamentações laborais transnacionais

Uma área de conflito entre as leis nacionais e as regulamentações laborais transnacionais é quando as regulamentações laborais transnacionais entram em conflito com as leis nacionais. O dilema sul-africano é um bom exemplo: conciliar os requisitos da legislação laboral global com as normas laborais nacionais, consagradas na constituição nacional, pode ser contraditório, levando a fricções

[41] Ibid pg 1-2
[42] Ibid pg 2

entre a legislação nacional e internacional.

Bob Hepple relata este exemplo no seu livro. Em 1998, o recém-eleito governo democrático da África do Sul celebrou um acordo com uma filial da empresa transnacional Volkswagen. O acordo previa a exportação de 68 000 automóveis Volkswagen Golf para o Reino Unido num espaço de tempo muito curto. Este facto levou à introdução de trabalhadores que trabalham 24 horas por dia, 6 dias por semana. A exigência de trabalhar 24 horas por dia, 6 dias por semana, exerceu uma pressão tão grande sobre os trabalhadores que estes decidiram entrar em greve. 1.300 trabalhadores entraram em greve porque 13 delegados sindicais foram despedidos por protestarem contra o acordo de trabalhar 24 horas por dia, 6 dias por semana. O tribunal decidiu contra a greve dos trabalhadores, apesar de esta ser constitucional na África do Sul. O direito dos trabalhadores à greve está consagrado na Constituição da África do Sul. Neste cenário, a Constituição sul-africana não foi capaz de proteger a autoestima dos trabalhadores, cujas condições de trabalho foram completamente desestabilizadas. Esta situação é o resultado da estratégia das empresas transnacionais[39].

O estudo de caso acima mostra claramente como as organizações transnacionais minam a constituição e os direitos soberanos da nação, mesmo que, numa situação como esta, o governo nacional sul-africano negue esse facto.

3.5 Outros domínios de conflito entre o direito internacional do trabalho e as legislações nacionais

Outra área de conflito entre as leis laborais internacionais e as leis nacionais é o facto de a maioria das leis laborais internacionais ser considerada inadequada. É mais como colocar um pino quadrado num buraco redondo. As economias da maioria dos países em desenvolvimento não dispõem do quadro necessário para aplicar as regras internacionais:

"O sector informal engloba uma grande variedade de actividades que vão desde o pequeno comércio, reparações e trabalho doméstico até aos transportes, construção, etc. Raramente envolve uma relação empregador-empregado bem definida".[43]

O governo britânico denunciou e revogou uma série de convenções da OIT que tinham sido ratificadas pelo governo anterior, a fim de abrir caminho a uma legislação nacional que abolisse os conselhos de remuneração, revogando a Lei dos Salários Justos.[44]

Este é um exemplo claro de como um Estado actuou para proteger os seus direitos soberanos contra a regulamentação internacional, porque nenhuma nação vê com bons olhos a intromissão de um poder externo nos seus direitos soberanos. Todas as nações querem ter controlo total sobre os seus direitos soberanos.

Todas as organizações internacionais acima referidas são fontes de regras internacionais em matéria de investimento e de comércio.

Outras fontes de regras internacionais em matéria de investimento e comércio serão examinadas mais adiante.

---

[43] Ibid pg 10
[44] Ibid pg 38

Capítulo 4: Origem das regras internacionais em matéria de investimento e comércio/Conflito entre tratados internacionais bilaterais e leis nacionais e locais

Os tratados bilaterais de investimento, vulgarmente conhecidos por TBI, constituem outra fonte de regras internacionais em matéria de investimento e comércio. Na sequência da tentativa aparentemente infrutífera da Organização Mundial do Comércio (OMC) e da Organização de Cooperação e de Desenvolvimento Económicos (OCDE) de desenvolver tratados multilaterais universalmente aceitáveis que regulem o comércio e o investimento, os países recorreram a tratados e acordos bilaterais para colmatar as lacunas. Estes tratados regulam os vários assuntos e domínios que abrangem entre as partes e no âmbito da jurisdição dos Estados contratantes. Isto teve como efeito subjugar a soberania das várias nações na área abrangida por estes tratados.

De acordo com Andreas, existem muitos tratados entre nações: "Em 2006, estavam em vigor cerca de 2400 a 2600 tratados bilaterais de investimento [...]. No total, pelo menos 155 países eram partes em TBI, abrangendo todos os continentes"[(42)].

Devido à proliferação e multiplicidade dos TBI, é difícil tratar de todos eles. No entanto, é interessante notar que estes tratados contêm disposições semelhantes. Geralmente, começam com uma recitação do desejo de: "promover uma maior cooperação económica entre as partes, incentivar os fluxos de capitais privados e criar condições favoráveis a esses fluxos".[45]

Naturalmente, os tratados definem os domínios ou investimentos/comércio abrangidos. Uma das principais disposições dos TBI é a proibição de tratamento favorável com base na nacionalidade.

De acordo com Rodney Neufeld, a maioria dos tratados de investimento contém dois tipos de cláusulas de não-discriminação, nomeadamente a cláusula da nação mais favorecida (NMF) e a cláusula de tratamento nacional. Por uma questão de conveniência, estas duas disposições são agrupadas em certos tratados e conhecidas como um tratado de não discriminação.[46]

Na maioria dos países, especialmente nos países em desenvolvimento, a tendência é para as leis nacionais favorecerem os nacionais em detrimento dos estrangeiros. As políticas e a legislação de indigenização são abundantes. Os governos oferecem aos seus cidadãos benefícios fiscais e vários incentivos. O objetivo é promover o desenvolvimento e a capacitação das populações indígenas. A disposição de não discriminação contida em vários acordos bilaterais de investimento tem um impacto direto na legislação local de muitos países em desenvolvimento.

Uma outra disposição relativa ao tratamento favorável das nações está contida nos artigos que se seguem, tal como relatado por Nuefeld no seu livro.

"Os artigos 1102 (1) e 1103 (1) do NAFTA (Acordo de Comércio Livre do Atlântico Norte) estipulam o seguinte: Cada Parte concederá aos investidores de outra Parte um tratamento não

---

[45] Ibid

[46] Rodney Neufeld, The Oxford Handbook on International Trade Law (Oxford University Press) 630

menos favorável do que aquele que concede, em circunstâncias idênticas, aos seus próprios investidores, no que respeita ao estabelecimento, aquisição, expansão, gestão, conduta, exploração e venda ou outra alienação de investimentos. 1103 (2) Cada Parte concederá aos investidores de outra Parte um tratamento não menos favorável do que aquele que concede, em circunstâncias idênticas, aos investidores de qualquer outra Parte ou de um terceiro no que respeita ao estabelecimento, aquisição, expansão, gestão, condução, exploração e venda ou outra alienação de investimentos. "[45]

Como se pode ver, as disposições do NAFTA acima referidas destinam-se a eliminar completamente qualquer tratamento preferencial em matéria de investimento. Por conseguinte, qualquer lei local que preveja um tratamento preferencial ou discriminatório estará em conflito direto com este tratado.

A Lei do Desenvolvimento do Contexto da Indústria Nigeriana do Petróleo e do Gás (NCA) de 2010 é um exemplo típico de um conflito entre os TBI e as leis nacionais e locais.

De acordo com Adeoye Adefulu no seu artigo, o Governo Federal da Nigéria promulgou a Lei das ANC com o objetivo de promover o desenvolvimento de prestadores de serviços locais e a utilização de produtos nigerianos. Para atingir os objectivos acima referidos, foram incorporadas na lei várias disposições. Algumas destas disposições prevêem um tratamento preferencial para os prestadores de serviços locais e a discriminação contra cidadãos e empresas estrangeiras. A NCA define o conteúdo nigeriano da seguinte forma[4748]

---

[47] Rodney Neufeld, The Oxford Handbook on International Trade Law (Oxford University Press) 630

"A quantidade de valor acrescentado ou criado na economia nigeriana através do desenvolvimento sistemático de capacidades e competências através da utilização deliberada de recursos humanos, materiais e serviços nigerianos na indústria nigeriana do petróleo e do gás".[49]

Para dar efeito ao objetivo da lei, uma outra disposição estabelece que as empresas de serviços nigerianas autóctones que demonstrem possuir equipamento, pessoal e capacidade nigerianos para realizar o trabalho terão: "consideração exclusiva para licitar em terras e pântanos da indústria nigeriana de petróleo e gás".[50]

Importa referir que a Nigéria celebrou uma série de TBI com países como o Reino Unido, a República da Coreia, a Espanha, a Turquia, a Finlândia e a Alemanha. Estes TBI contêm, pelo menos, cláusulas de tratamento nacional. A aplicação destas cláusulas de tratamento nacional nos BIT está em conflito direto com as disposições do acordo de cooperação nacional.[51]

Outro elemento fundamental de muitos TBI é a previsão de normas mínimas de tratamento dos estrangeiros em conformidade com o direito internacional, incluindo um tratamento justo e equitativo e a plena proteção e segurança.[52]

Esta disposição está prevista no nº 1 do artigo 1105º do NAFTA. Outros TBI contêm disposições análogas. A redação das diferentes

---

[48] Adeoye Adefulu, "Nigeria: National Treatment & Nigeria's New Local Content Legislation (09 de junho de 2010)
< http://www.mondaq.com/article.asp?articleid=102400>
Acedido em 12 de julho de 2012

[49]1 oferta

[50] Ibid

[51] Ibid

[52] Rodney Nuefeld, The Oxford Handbook on International Trade Law (Oxford University Press) 635

disposições permitiu estabelecer que a norma mínima de tratamento dos estrangeiros é a norma mínima prevista pelo direito internacional.

Segundo Rodney Nuefeld no seu livro :

"Uma vez que o padrão mínimo deriva o seu significado do direito internacional consuetudinário, um tribunal simplesmente não pode aplicar o seu próprio padrão idiossincrático. Os termos 'justo e equitativo' e 'proteção e segurança total' não podem ser interpretados em abstrato, mas devem ser disciplinados por referência à prática do Estado e à jurisprudência judicial arbitral ou a outras fontes de direito internacional consuetudinário ou geral. "[51]

Isto significa que, nas relações com estrangeiros em países estrangeiros, o direito internacional consuetudinário deve prevalecer se o direito local for inferior à norma de direito internacional. Por outras palavras, esta disposição torna claramente as leis nacionais inferiores às leis internacionais. Este facto é claramente contrário à doutrina da soberania do Estado.

4.1 Conflito entre as cláusulas de expropriação e as legislações nacionais

A cláusula de expropriação é outra cláusula importante contida nos TBI que conduz a um conflito com as legislações nacionais.

De acordo com Andres, todos os tratados bilaterais de investimento contêm disposições sobre expropriação em termos muito semelhantes ou idênticos. O capítulo 11 do NAFTA estabelece que a expropriação é legal e não é incompatível com os TBI se o for:[5354]

[53] Ibid

1. Realizado no interesse público.
2. não é discriminatório.
3. é efectuada em conformidade com os procedimentos e
4. é acompanhada do pagamento de uma indemnização.[55]

Em tratados recentes, a disposição relativa ao pagamento de indemnizações foi qualificada pela expressão :

"Rápido, adequado e eficiente".[56]

Alguns TBI chegaram ao ponto de utilizar palavras e terminologia que abrangem todas as formas ou actos previsíveis susceptíveis de constituir uma expropriação. Termos como "direta ou indiretamente, semelhante a" ou equivalente a expropriação foram utilizados nos TBI.[57]

A utilização destas frases elaboradas e qualificativas destina-se a impedir que os Estados contornem a cláusula de expropriação e evitem as suas obrigações ao abrigo da mesma. Por vezes, os Estados alegam que as suas acções não constituem expropriação, mas uma utilização e exercício de boa fé dos seus poderes regulamentares. Por outro lado, os investidores argumentam que não estão a pôr em causa o poder regulador do Estado, mas que, se uma alegada regulamentação resultar na aquisição ou encerramento da atividade do investidor, aplicar-se-á a obrigação do Estado ao abrigo das cláusulas de expropriação, em especial a disposição relativa ao pagamento de indemnizações. Embora os Estados tenham voluntariamente celebrado TBI com cláusulas de

[54] Andreas F. Lowen, International Economic Law (segunda edição, Oxford University Press 2008) 554-559

[55] Ibid

[56] Ibid

[57] Ibid

expropriação e se tenham comprometido a respeitá-las, não se comprometeram a reduzir os seus poderes de regulamentação, em particular o seu direito de gerir o ambiente e os recursos naturais. Argumenta-se que limitar o direito de um Estado de regulamentar ou legislar equivaleria a corroer a soberania desse Estado.

No processo Metalclad, citado por Andres F Lowenfeld, o tribunal explicou que a ação estatal que privava o investidor do direito de explorar uma instalação de eliminação de resíduos perigosos após a sua construção constituía não só uma recusa de tratamento justo e equitativo nos termos do artigo 1105º do NAFTA, mas também uma expropriação nos termos do artigo 1110º. Na sua decisão final, o tribunal declarou que ao autorizar ou tolerar a conduta da (autoridade local) em relação à Metalclad, que o Tribunal já considerou constituir um tratamento injusto e não equitativo em violação do artigo 1105º, e ao participar ou consentir na recusa de conceder à Metalclad o direito de explorar o aterro, apesar do facto de o projeto ter sido totalmente aprovado e apoiado pelo Governo Federal, deve considerar-se que o México tomou uma medida que equivale a uma expropriação em violação do artigo 1110º-G da NAFTA".[56]

As concessões petrolíferas da Líbia e as arbitragens que se seguiram à nacionalização pelo governo líbio dos direitos e interesses dos investidores estrangeiros ilustram o efeito e o impacto da regulamentação local e governamental nos TBI.

De acordo com o artigo de Christopher Greenwood, as várias concessões atribuídas pelo Governo Real da Líbia entre 1955 e 1968 conferiram a cada um dos concessionários, por um período de cinquenta anos, direitos exclusivos de exploração, extração e venda de petróleo em áreas designadas do território líbio. Todas as concessões continham três disposições essenciais idênticas, nomeadamente: (a) Escolha da lei. A presente concessão será regida e interpretada de acordo com os princípios do direito líbio - comuns aos princípios do direito internacional - e, na ausência de tais princípios comuns, de acordo com os princípios gerais do direito, incluindo os que têm sido aplicados pelos tribunais internacionais. [58][59]

A segunda disposição destinava-se a proteger o contrato de qualquer alteração da legislação líbia ou de qualquer interferência de legislação líbia posterior.

Christopher Greenwood afirmou ainda

"O Governo líbio adoptará todas as medidas necessárias para garantir que a empresa goze de todos os direitos conferidos por esta concessão. 2. Os direitos contratuais expressamente criados pela presente concessão não poderão ser alterados, exceto por consentimento mútuo das partes. A presente concessão será interpretada, durante todo o seu período de vigência, em conformidade com a legislação e a regulamentação petrolífera em vigor à data da assinatura do acordo de alteração pelo qual o presente número foi incorporado no presente contrato de concessão. Qualquer alteração ou revogação destes regulamentos não afectará os direitos contratuais da Empresa sem o seu consentimento. "[58]

A terceira disposição prevê o envio de todos os litígios para arbitragem, exceto se as partes chegarem a uma solução amigável. As três principais disposições acima mencionadas, se aplicadas de

---

[58] Christopher Greenwood, "State Contracts In International Law-The Libyan Oil Arbitrations" <http://bybil.oxfordjournals.org/ >
por convidado em 11 abril 2012
[59] Ibid

forma rigorosa, prejudicarão a soberania do Estado líbio. Durante o processo de arbitragem, estas disposições foram analisadas, examinadas e julgadas pelo tribunal. Uma das questões sobre as quais o tribunal se pronunciou foi a da jurisdição.

Como mostra o relato de Christopher Greenwood

No processo BP/Líbia, o juiz Lagergren considerou que o caso que lhe foi apresentado dizia respeito a um litígio ao abrigo das cláusulas de arbitragem (cláusula 28) da concessão e, por conseguinte, não deixava dúvidas quanto à competência. O Professor Dupuy, no processo Texaco contra Líbia, e o Dr. Mahmassani, no processo Liamco contra Líbia, declararam-se ambos competentes com base na cláusula 28 da concessão. O governo líbio contestou a competência do tribunal arbitral numa carta circular dirigida aos concessionários. Argumentou que a arbitragem de uma questão tão fundamental como a nacionalização era incompatível com o conceito de soberania do Estado. No entanto, este argumento foi rejeitado pelo Dr. Mahmassani com base no facto de ser contrário ao direito e à prática internacional e islâmica[59].

Argumenta-se que a cláusula de arbitragem contida nas concessões constitui uma clara exclusão da jurisdição dos tribunais líbios para resolver ou julgar litígios surgidos no Estado e entre partes que estão normalmente sujeitas às leis do Estado. Trata-se de uma limitação e de uma erosão da soberania do Estado líbio.

A outra disposição que parece entrar em conflito com as leis nacionais e limitar o direito soberano de um Estado é a que trata da escolha da lei.

A cláusula 28 (7), (53 ILR, 297 a 302-3) do acordo de concessão estabelece que: "a concessão será regida e interpretada de acordo com os princípios da Líbia comuns aos princípios do direito internacional".[60]

O elemento-chave aqui é a escolha do direito internacional em detrimento do direito líbio. [61]Mesmo que a lei líbia possa ser aplicada, estas leis devem estar de acordo ou em conjugação com o direito internacional, caso contrário será o direito internacional ou "os princípios gerais do direito, incluindo os que possam ter sido aplicados pelos tribunais internacionais" que serão aplicados: "os princípios gerais do direito, incluindo os que possam ter sido aplicados pelos tribunais internacionais" serão aplicados.

Esta disposição relegou completamente o direito líbio para segundo plano e para uma posição inferior. Não está provado que as partes de um contrato possam efetivamente, por acordo, excluir e subtrair o seu contrato à jurisdição legislativa e à soberania do Estado de acolhimento. Afirmo que se trata de uma nulidade jurídica e que o acordo que incorpora essa disposição é anulável por esse motivo.

No entanto, Christopher Greenwood destacou o n.º 8 da Resolução 1803 (1962) da Assembleia Geral das Nações Unidas ( ). Esta disposição parece adotar um ponto de vista diferente. O parágrafo estabelece que: "os acordos de investimento estrangeiro livremente celebrados por ou entre Estados soberanos devem ser observados de boa fé".[62] No processo BP/Líbia, Legergren J considerou que as partes eram livres de escolher uma lei própria não municipal. No processo Liamco/Líbia, o Dr. Mahmassani também defendeu o direito das partes de escolherem a lei aplicável ao contrato.[63]

Outra disposição curiosa da concessão que ameaçava a soberania

---

[60] Ibid
[61] Ibid
[62] Ibid
[63] Ibid

legislativa do Estado contratante era a que excluía a concessão do âmbito de aplicação de toda a legislação estatal posterior. Esta disposição também impedia o Estado líbio de alterar ou mesmo revogar a lei e os regulamentos petrolíferos em vigor no momento da execução da concessão sem o consentimento da empresa.[64]

Isto significa que o governo líbio teria de obter o acordo de um investidor antes de poder legislar para os seus cidadãos, se a lei tivesse um efeito sobre os direitos contratuais da empresa.

No processo Texaco/Líbia, o Professor Dupuy, ao defender as disposições da concessão, considerou que um Estado pode restringir a sua liberdade de ação através de um contrato. De acordo com o artigo de Christopher Greenwood,[6566]

"Os compromissos de não rescindir ou modificar os contratos foram limitados a um período de cinquenta anos. A Líbia manteve o exercício de muitos direitos soberanos em relação a estas concessões, por exemplo, o seu poder de regular, no interesse da conservação, a quantidade de petróleo extraído. "[66]

Por mais lógico que seja este raciocínio, é inegável que a soberania legislativa e judicial do Estado líbio é claramente limitada.

---

[64] Ibid
[65] Ibid
[66] Ibid

Capítulo 5: Conclusão

Com base na pergunta deste estudo, se os institutos económicos internacionais e as leis económicas internacionais minam a soberania das nações? Este ensaio desenvolveu a questão de saber se as organizações internacionais e as leis económicas internacionais minam efetivamente a soberania das nações, corroendo assim os direitos soberanos das nações. Explica explicitamente os pontos de vista de muitos académicos, autores e advogados internacionais sobre esta questão.

Explora os princípios gerais da soberania e a forma como os institutos económicos internacionais e as leis económicas internacionais entram em conflito com os direitos soberanos das nações. A tese também discute as diferentes fontes de soberania. As várias interpretações e definições de soberania e a forma como a soberania deve ser entendida por vários autores e juristas internacionais são explicadas neste ensaio.

Foram mencionadas várias organizações internacionais e leis económicas.

Os últimos capítulos da tese esclarecem como estas organizações internacionais e as leis económicas internacionais entram em conflito com as leis nacionais das nações.

Foram discutidos vários exemplos que confirmam estas afirmações, incluindo o caso da África do Sul.

Os pontos de vista de alguns dos autores e escritores que escreveram a favor do direito destes institutos internacionais e da prevalência do direito económico internacional sobre o direito nacional das nações foram exaustivamente discutidos.

Bibliografia

1. Andreas F. Lowen, International Economic Law (segunda edição, Oxford University Press 2008) 554-555.
2. Adeoye Adefulu, 'Nigeria: National Treatment & Nigeria's New Local Content Legislation (09 de junho de 2010< http://www.mondaq.com/article.asp?articleid=102400> Acedido em 12 de julho de 2012.
3. Andreas Osiander, "sovereignty, International Relations and the Westphalian Myth" http://www.labmundo.org/disciplinas/OSIENDER_sovereignty_international_relations_and_the_westphalian_myth.pdf acedido a 25 de julho de 2012.
4. Adam Smith, The Expenses of the Sovereign or Commonwealth, The Harvard Classics. 1909-14. < www.bartleby.com/10/501.html> Acedido em 20 de julho de 2012.
5. Anthony Aust, Handbook of International Law (2.ª edição, Cambridge University press 2010) 37-40.
6. BANCO NACIONAL DE CUBA v. SABBATINO, 376 U.S. 398 (1964) 376 U.S. 398 http://laws.findlaw.com/us/376/398.html Acedido em 13 de junho de 2012.
7. Bob Hepple, Labour Laws and Global Trade (Oxford e Portland, Oregon 2005) 1-4.
8. www.un.org/en/documents/charter/chapter1Carta das Nações Unidas, CAPÍTULO I: OBJECTIVOS E PRINCÍPIOS Artigos 1 e 2 .shtml consultado em 20 de junho de 2012.
9. Christopher Greenwood, 'State Contracts In International Law-The Libyan Oil Arbitrations' http://bybil.oxfordjournals.org/ por convidado em 11 de abril de 2012.

10. Donald Mc RAE, The Oxford Handbook of International Trade Law (Manual Oxford de Direito Comercial Internacional)(Oxford University Press, 2009) 66.
11. Daniel Bethlehem, The Oxford Handbook of International Trade Law (Manual Oxford de Direito Comercial Internacional)(Oxford University Press, 2009) 24-25.
12. Eric C. Ip, "Globalization and the future of the law of the sovereign state" International Journal of Constitutional Law/2010, Volume 8/julho/Artigos/Globalization and the future of the law of the sovereign state - International Journal of Constitutional Law 1 julho (2010) 8 (3) : 636Jens Bartelson, "The concept of Sovereignty Revisited" European Journal of International Law/2006, Volume 17/Issue 2, abril/Artigos/ (2006) 17 (2) : 463.
13. Gareth Evans e Mohamed Sahnoun, "The Responsibility to Protect, Report of the International Commission on Intervention and State Sovereignty", dezembro de 2001, http://responsibilitytoprotect.org/ICISS%20Report.pdf, acedido em 25 de julho de 2012.
14. Grieshaber-Otto, J., Sinclair, S. e Schacter, N. (2000), Impacts of international trade, services and investment treaties on alcohol regulation. Addiction, 95 : 491-504. doi : 10.1046/j.1360-0443.95.12s4.4.x Artigo publicado pela primeira vez em linha em 3 de maio de 2002.
15. <http://onlinelibrary.wiley.com/doi/10.1046/j.1360-0443.95.12s4.4.x/pdf> acedido em 5 de julho de 2012.
16. Jean M. Wenger, "International Economic Law" < http://www.asil.org/iel1.cfm>
17. acedido em 20 de julho de 2012.

18. Kristine Kaufman, Globalisation and Labour Rights (Oxford e Portland, Oregon 2005) 87.

19. Michael Ford, Constitutional law (2.ª edição, First Law Limited 2004) 57.

20. Santiago M. Villalpando, "How The Rules Of State Responsibility May Be Applied Within the WTO Dispute Settlement System" (2002) 5 (2): 393 1 de junho de 2002.

21. Steven Wheatley, "A Democratic Rule of International Law" - Eur J Int Law /2011, Volume 22/Issue 2, 1 May/Articles/ (2011) 22 (2) : 525.

22. Samantha Besson, "Soberania, direito internacional e democracia".

23. Revista Europeia de Direito Internacional/2011, Volume 22/Item 2, maio/Artigos - (2011) 22 (2) : 373.

24. S.P. Subedi , "Evolution and principles of international economic law" Versão revista - dezembro de 2006 http://www.londoninternational.ac.uk/sites/default/files/international_economic_law.pdf acedido em 26 de julho de 2012.

25. Rodney Neufeld, The Oxford Handbook of International Trade Law (Oxford University Press, 2009) 620-625.

26. Rudolf Dolzer, "The Impact Of International Investment Treaties on Domestic Administrative Law" 37 N.Y.U. J. Int'l. L. & Pol. 953 (2004-2005) http://heinonline.org/HOL/LandingPage?collection=journals&handle=hein.journals/nyuilp37&div=32&id=&page acedido em 1 de julho de 2012.

27. W.R. Bohning, "The Role and Functions of International Organizations in the Field of Migrant Workers" (O papel e as funções das organizações internacionais no domínio dos

trabalhadores migrantes). Diretor da Equipa Consultiva Multidisciplinar para o Sudeste Asiático e o Pacífico, 11 e 12 de janeiro de 1999. Manila, Filipinas http://www.ilo.org/public/english/region/asro/mdtmanila/speeches/miworker.htm Acedido em 9 de julho de 2012.

MIX
Papier aus verantwortungsvollen Quellen
Paper from responsible sources
FSC® C105338

Printed by Books on Demand GmbH, Norderstedt / Germany